Les éléphants

John Crossingham et Bobbie Kalman

Traduction : Lyne Mondor

Les éléphants est la traduction de *What is an Elephant?* de John Crossingham et Bobbie Kalman (ISBN 0-86505-966-7).

Données de catalogage avant publication (Canada)

Crossingham, John, 1974-

Les éléphants

(Petit monde vivant)
Comprend un index.
Traduction de: What is a elephant?.
Pour enfants de 6 à 10 ans.

ISBN 2-89579-015-9

1. Éléphants - Ouvrages pour la jeunesse. I. Kalman, Bobbie, 1947- . II. Titre.
III. Collection: Kalman, Bobbie, 1947- . Petit monde vivant.

QL737.P98C7614 2004 j599.67 C2004-940075-4

Nous reconnaissons l'aide financière du gouvernement du Canada par l'entremise du Programme d'Aide au Développement de l'Industrie de l'Édition (PADIÉ) pour nos activités d'édition.

Éditions Banjo remercie le Conseil des Arts du Canada du soutien accordé à son programme d'édition dans le cadre du programme des subventions globales aux éditeurs.

Cet ouvrage a été publié avec le soutien de la SODEC.

Gouvernement du Québec – Programme de crédit d'impôt pour l'édition de livres – Gestion SODEC.

Dépôt légal – Bibliothèque nationale du Québec, 2004
Bibliothèque nationale du Canada, 2004
ISBN 2-89579-**015**-9

Les éléphants

233, av. Dunbar, bureau 300
Mont-Royal (Québec)
Canada H3P 2H4
Téléphone: (514) 738-9818 / 1-888-738-9818
Télécopieur: (514) 738-5838 / 1-888-273-5247
Site Internet: www.editionsbanjo.ca

Imprimé au Canada
1 2 3 4 5 II/20**HD** 08 07 06 05 04

Table des matières

Les éléphants

Les éléphants sont les plus gros et les plus lourds **mammifères** terrestres. Comme tous les mammifères, ils ont le sang chaud, ce qui signifie que la température de leur corps est constante, quelle que soit la température du milieu ambiant. Les femelles éléphants sont parfois appelées **éléphantes**. Ces dernières donnent naissance à des bébés appelés **éléphanteaux**. Elles les allaitent avec le lait qu'elles produisent.

De doux géants

Les éléphants figurent parmi les animaux les plus forts de la planète. Mais en dépit de leur taille et de leur force, ils sont doux, intelligents et affectueux. Aussi se battent-ils rarement, même lorsqu'ils se défendent contre des ennemis. Bien souvent, ils chargent leurs adversaires et font demi-tour au dernier moment. Les éléphants vivent et voyagent en grands groupes familiaux appelés **troupeaux**. Ils tissent des liens solides avec les membres de leur groupe. Les femelles éléphants restent au sein du même groupe jusqu'à leur mort.

Une longue vie

Grâce à leur taille et aux membres de leur troupeau, les éléphants sont bien protégés. La plupart des éléphants jouissent d'une **espérance de vie** d'environ 60 ans. Certains d'entre eux vivent même plus de 70 ans. Ils vivent presque aussi longtemps que les humains !

L'arbre généalogique de l'éléphant

Il existe actuellement deux espèces d'éléphants : l'éléphant d'Afrique et l'éléphant d'Asie. Chaque espèce a été nommée d'après le continent où elle vit. Les éléphants sont quelquefois appelés pachydermes, qui vient d'un mot grec signifiant « qui a la peau épaisse ». Les éléphants appartiennent à l'ordre des *proboscidiens* et à la famille des *éléphantidés*.

Le platybelodon, un cousin éloigné de l'éléphant, vivait il y a environ 25 millions d'années.

Les parents éloignés

Il y a plusieurs millions d'années, la Terre comptait plusieurs animaux s'apparentant aux éléphants. Les premiers **ancêtres** des éléphants étaient plus petits et étaient pourvus de défenses différentes. Le platybelodon, illustré ci-dessus, était pourvu de défenses aplaties sortant de sa lèvre inférieure.

Les mammouths sont les plus proches ancêtres des éléphants à s'être éteints. Leur extinction remonte à environ 10 000 ans.

Les éléphants d'Afrique

Les éléphants d'Afrique sont les plus grands de tous les éléphants. On les trouve dans plusieurs pays, dont le Zaïre, la République sud-africaine, la Namibie, le Botswana et le Zimbabwe. Les éléphants adultes mesurent environ 3,4 m de hauteur et pèsent environ 6 350 kg.

Les éléphants d'Asie

Les éléphants d'Asie vivent dans les forêts de l'Inde, du Népal, de l'île de Sumatra, du Sri Lanka et de la Thaïlande. Ils sont aussi connus sous le nom d'éléphants indiens. Les éléphants d'Asie sont légèrement plus petits que ceux d'Afrique. À maturité, ils mesurent environ 3 m de hauteur et pèsent environ 5 450 kg.

Un parent minuscule

Le daman est un petit animal à fourrure. Même s'il est bien loin de ressembler à un gigantesque éléphant, ce mammifère possède néanmoins une structure osseuse semblable à celle de l'éléphant. Les scientifiques pensent d'ailleurs que le daman et l'éléphant possèdent un ancêtre commun.

Des cousins aquatiques

Les dugongs et les lamantins sont aussi apparentés aux éléphants. Ces gros mammifères vivent dans la mer, passant la majeure partie de leur temps à manger des plantes.

Le corps de l'éléphant

Les éléphants vivent dans les climats chauds et passent la majeure partie de la journée à se nourrir. Leur corps est parfaitement adapté à leur **habitat** et à leur style de vie. Leurs grandes oreilles, leur peau plissée et leurs longues défenses les aident à survivre.

L'éléphant n'a pas le sens de la vue très développé : non seulement ne voit-il pas très loin devant lui, mais en plus, il est incapable de voir derrière lui. En conséquence, l'éléphant dépend de ses autres sens, principalement de son odorat, de son ouïe et de son toucher.

L'éléphant peut soulever des objets à l'aide de ses défenses. Certains éléphants les utilisent aussi pour creuser à la recherche d'eau et de nourriture.

La trompe est très flexible, car elle est dépourvue de structure osseuse. L'éléphant l'utilise pour soulever des objets, mais aussi pour sentir, boire et porter de la nourriture à sa bouche.

De grands éventails

Bien que l'éléphant ait une excellente ouïe, ses oreilles sont grandes pour une autre raison : elles aident l'éléphant à se rafraîchir. L'éléphant est incapable de transpirer. À la place, le sang chaud voyage à travers les veines à l'arrière de ses oreilles. Ces veines se situent très près de la surface de la peau. Elles laissent échapper la chaleur dans les airs à travers la peau. Ce faisant, cela refroidit le sang et, conséquemment, le reste du corps de l'éléphant. L'éléphant secoue aussi ses oreilles comme des éventails pour pousser de l'air frais sur son dos.

L'éléphant utilise sa queue comme une tapette à mouches pour les endroits de son corps que sa trompe ne peut pas atteindre. L'éléphant est dépourvu de poils sur la majeure partie de son corps. Toutefois sa queue est munie de longs poils qui sont parfaits pour chasser les mouches.

Le dessous des pattes de l'éléphant est doux et spongieux, ce qui permet à cet animal lourd de se déplacer sans faire de bruit.

La peau de l'éléphant, qui mesure 2,5 cm d'épaisseur, est très résistante. Elle protège l'animal contre les morsures d'insectes.
La peau est aussi plissée. Les plis retiennent l'eau, ce qui aide l'éléphant à se garder au frais.

Les défenses et les dents

Les défenses de l'éléphant sont en fait d'énormes dents appelées incisives. On peut dire que les défenses de l'éléphant constituent les plus grandes et les plus lourdes dents du règne animal ! La plupart des défenses mesurent environ 2 m de long et pèsent environ 25 kg chacune.

Une croissance ininterrompue

L'éléphanteau est pourvu de petites défenses qui tombent après une année. Ces dents de lait sont remplacées par des défenses permanentes dont la croissance est continue. Les défenses d'un éléphant adulte sont très puissantes et robustes. Elles peuvent soulever une charge pesant plus de 900 kg !

À la fois outil et arme

Les défenses sont importantes pour la survie de l'éléphant. Lorsqu'ils sont menacés par des prédateurs tels que des lions, les éléphants essaient de les effrayer en pointant leurs défenses vers eux et en les chargeant. Les éléphants utilisent aussi leurs défenses pour creuser afin de trouver des sources d'eau souterraines et de la nourriture lorsque le climat devient aride. D'autres animaux, tels que les zèbres et les gnous, utilisent les sources d'eau que trouvent les éléphants.

L'ivoire

Les défenses sont constituées d'ivoire, un matériau d'une grande valeur pour les humains. Chaque année, plusieurs éléphants se font abattre pour leurs défenses. Certaines personnes utilisent l'ivoire pour fabriquer des touches de piano, des sculptures ou des bijoux.

Les autres dents

Pour mastiquer, les défenses ne sont d'aucune utilité. Pour cela, l'éléphant possède quatre dents aplaties, appelées molaires, servant à écraser et à broyer sa nourriture. Les molaires ramollissent les végétaux coriaces afin que le processus de **digestion** puisse commencer. Le travail de mastication a pour effet d'user les molaires. Pour compenser l'usure, six ensembles de dents se formeront successivement au cours de la vie de l'éléphant. Celui-ci acquiert son dernier ensemble de dents vers l'âge de 30 ans. Lorsque ces dents sont à leur tour usées, l'éléphant ne tarde pas à mourir, car il devient incapable de mastiquer sa nourriture.

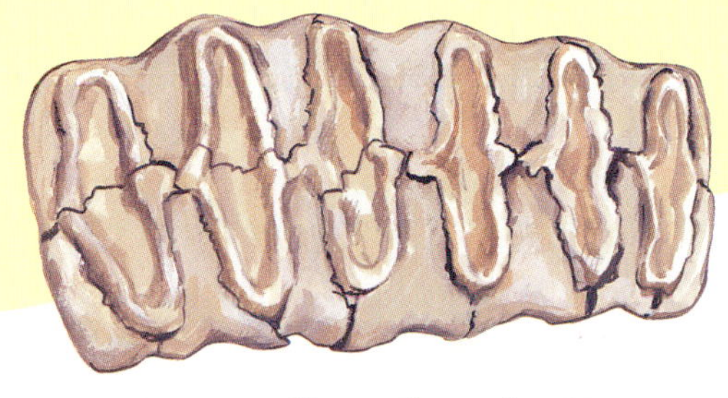

Cette molaire est vieille et fissurée. Une nouvelle molaire a poussé à sa place.

Tout comme les humains, les éléphants sont droitiers ou gauchers. La défense que préfère utiliser l'éléphant est souvent plus courte que l'autre en raison de l'usure.

La trompe

La trompe de l'éléphant est formée par la lèvre supérieure et le nez. L'éléphant l'utilise pour sentir, respirer, se baigner, porter la nourriture à sa bouche, prendre des objets, chasser des mouches et accueillir d'autres éléphants. Bien que la trompe soit assez puissante pour arracher un arbre, elle peut aussi accomplir des tâches délicates. En effet, son extrémité est pourvue de lobes à l'aspect de doigts capables d'arracher des herbes et des feuilles. Ces « doigts » peuvent manipuler avec délicatesse des objets aussi petits qu'une pièce de monnaie !

Les éléphants utilisent leur trompe pour atteindre les feuilles se trouvant dans les grands arbres.

Le sens du toucher

L'extrémité de la trompe de l'éléphant est très sensible au toucher. Elle permet à l'éléphant d'apprécier la taille, la forme, la texture et la température des objets. Les éléphants utilisent aussi leur trompe pour se caresser mutuellement.

Sens-tu cette odeur?

À part son sens du toucher, l'éléphant dépend énormément de son excellent sens de l'odorat qui lui permet de mémoriser plusieurs odeurs. Il est capable de reconnaître ses petits, d'autres éléphants et sa nourriture favorite grâce à leur senteur. Son sens de l'odorat lui permet de flairer des ennemis qui s'approchent. Un éléphant peut flairer un humain à plus de 1,6 km de distance. Pour détecter les odeurs, l'éléphant dresse sa trompe dans les airs et la remue.

Un boyau d'arrosage

L'éléphant peut aussi utiliser sa trompe comme un boyau. Il aspire l'eau dans sa trompe puis la fait rejaillir dans sa bouche pour étancher sa soif. D'autres fois, il la vaporise sur son corps pour se baigner.

Lorsqu'un jeune éléphant est inquiet, il insère sa trompe dans la bouche d'un éléphant plus âgé.

L'alimentation

Les éléphants deviennent énormes pour une bonne raison : ils consacrent jusqu'à 20 heures par jour à leur alimentation ! Les éléphants consomment environ 135 kg de nourriture par jour. Ce sont des animaux herbivores, ce qui signifie qu'ils se nourrissent exclusivement de végétaux. Leur alimentation est composée de feuilles, de racines, d'herbes et d'écorce. Les éléphants apprécient tout particulièrement les fruits, comme les dattes, les prunes et les noix de coco. Les éléphants utilisent leur trompe pour saisir les fruits et les feuilles se trouvant dans les arbres. Lorsque la nourriture est hors de leur portée, ils déracinent l'arbre. Une fois qu'ils ont consommé toutes les feuilles, ils arrachent ensuite l'écorce à l'aide de leurs défenses, puis la mangent. Les éléphants vont même jusqu'à manger le bois de l'arbre.

D'énormes besoins en eau

Lorsque l'eau se trouve en quantité suffisante, l'éléphant peut en boire jusqu'à 200 l par jour. Les éléphants peuvent toutefois se priver d'eau pendant trois jours si cela est nécessaire. Lorsqu'une source d'eau se tarie, ils peuvent parcourir plus de 125 km pour en dénicher une nouvelle. Les éléphants utilisent leurs défenses pour creuser le sol à la recherche d'eau.

Les éléphants ne restent jamais très loin d'une source d'eau. Ils utilisent l'eau pour étancher leur soif, se baigner et se rafraîchir.

Un bain de boue !

La baignade est une activité quotidienne importante, car les éléphants se font harceler par les mouches qui se posent sur eux et les piquent. Le bain a pour effet d'éliminer ces insectes nuisibles. Après la baignade, l'éléphant se roule dans la boue et enduit son corps de terre. La boue séchée protège la peau contre les piqûres d'insectes. De plus, cette boue a un effet rafraîchissant sur l'éléphant, car elle contribue à maintenir sa peau humide. Les éléphants passent quelquefois des heures à se vautrer dans la boue.

Après la baignade, l'éléphant utilise sa trompe pour projeter de la terre sur son corps. La terre protège sa peau contre les insectes et les rayons du soleil.

La communication

Les éléphants possèdent un système de communication développé, comme l'est celui des baleines et des dauphins. Ils communiquent entre eux en recourant au toucher, à des signaux visuels et à des sons ou cris. Les éléphants peuvent se reconnaître par leur voix, car chacun d'entre eux a une voix légèrement différente. Lorsque des éléphants de la même famille se rencontrent, ils se saluent en émettant des sons et en se touchant. Lorsqu'un éléphant désire être laissé seul, il le signifie aux autres en levant la tête et en écartant les oreilles.

Un vocabulaire riche

Les éléphants recourent à environ 25 cris différents. L'un des cris le plus fréquemment utilisé par l'éléphant est le grondement de contact. Ce grondement est émis à une fréquence si basse qu'il n'est pas perceptible par l'homme. Ce phénomène sonore est appelé infrason. Les signaux infrasonores voyagent très loin. Un éléphant peut entendre le grondement d'un autre éléphant à plus de 3,2 km de distance. Lorsqu'un éléphant se déplace, il émet des grondements de contact pour rester en relation avec le troupeau.

Les éléphants poussent aussi de puissants cris stridents appelés barrissements. Le barrissement exprime habituellement la peur ou la colère. Les éléphants barrissent pour avertir les autres d'un danger imminent.

Ça fait plaisir de te voir!

Selon le dicton, « un éléphant n'oublie jamais ». Bien que cette affirmation soit un peu exagérée, il est vrai toutefois que les éléphants sont intelligents et ont une excellente mémoire! Ils sont capables de conserver le souvenir de leurs rencontres, même s'ils ont été séparés pendant plusieurs années. Lorsque deux éléphants ayant grandi ensemble se revoient, ils émettent des grondements et enlacent leur trompe. Quelquefois, ils insèrent le bout de leur trompe dans la bouche l'un de l'autre.

La vie sociale

Les éléphants sont des animaux sociables, ce qui signifie qu'ils passent toute leur vie avec leurs semblables. Les femelles vivent en troupeau avec leur famille élargie. La plupart des troupeaux comptent entre 5 et 20 membres. Certains troupeaux sont constitués d'une mère, ses filles et leurs rejetons. D'autres troupeaux peuvent inclure les tantes et les cousines.

Le troupeau est mené par la femelle la plus âgée, appelée matriarche. Elle sait tout ce dont le troupeau doit savoir pour survivre, y compris les itinéraires de voyage et les endroits où il faut creuser lorsque les sources d'eau sont asséchées. La matriarche transmet ces informations aux autres femelles. Lorsqu'elle meurt, l'une des plus vieilles femelles devient la nouvelle matriarche.

Au sein du troupeau, les éléphants se protègent mutuellement en formant un arc autour des prédateurs et en pointant leurs défenses en leur direction.

Un troupeau sans mâles adultes

On ne trouve pas de mâles adultes dans les troupeaux, mais seulement des femelles et des éléphanteaux. L'éléphanteau mâle reste avec le troupeau jusqu'à ce qu'il atteigne un âge situé entre 12 et 14 ans. Dépassé cet âge, il mène une vie solitaire ou s'attache à un petit groupe composé exclusivement de mâles. Le seul moment où les mâles et les femelles se côtoient est durant la **saison des amours**, c'est-à-dire la période où ils s'accouplent.

La femelle éléphant n'hésite pas à charger l'ennemi pour protéger ses petits. Elle lève la tête bien haute et écarte les oreilles.

Des mères protectrices

L'éléphanteau constitue un met de choix pour les prédateurs tels que les lions ou les chacals. Les éléphants femelles protègent férocement leurs petits. Lorsqu'un prédateur approche, les femelles forment un cercle autour des éléphanteaux et pointent leurs défenses en direction de l'ennemi. Si le prédateur ne s'enfuit pas, les femelles vont le charger ou même le piétiner avec leurs immenses pieds.

Pleurer les disparus

Au sein d'un troupeau, tous les membres sont regardés avec affection. Lorsqu'un éléphant est mourant, son troupeau ne le quitte pas. Les membres du troupeau essaient de remettre l'animal sur ses pieds et lui apportent de la nourriture et de l'eau. Lorsque l'éléphant meurt, les autres déposent des herbes et des branches sur son corps. Certains éléphants restent auprès du mort pendant plusieurs jours.

Un éléphant rend visite à des membres défunts. Les vautours attendent pour dévorer les cadavres.

Sur la route

Les éléphants voyagent en groupes serrés et s'égarent rarement au cours de leurs déplacements.

Les éléphants sont des animaux nomades, ce qui signifie qu'ils ne demeurent pas longtemps au même endroit. Un troupeau voyage à l'intérieur d'un territoire pouvant couvrir plusieurs milliers de km^2. Les membres du troupeau suivent la matriarche, parcourant le même trajet année après année. En se déplaçant constamment, les éléphants permettent à la végétation des aires de pâturage de repousser. De cette façon, ils ont toujours de l'eau et de la nourriture.

Debout sur les orteils

Les éléphants sont des animaux digitigrades, ce qui signifie qu'ils marchent en appuyant sur leurs orteils. Cette façon de marcher procure à l'éléphant un sens de l'équilibre accru, ainsi qu'une plus grande habileté pour pivoter. Les éléphants se déplacent habituellement à une vitesse se situant entre 8 et 16 km/h. Malgré leur taille et leur poids énormes, les éléphants peuvent charger à quelque 40 km/h sur une courte distance. La base de leurs pieds est munie de plusieurs sillons. Ceux-ci adhèrent au sol, empêchant ainsi l'éléphant de glisser et de tomber.

Le pied de l'éléphant se contracte, c'est-à-dire qu'il devient plus petit lorsque l'animal le soulève. Ce rétrécissement permet à l'éléphant de retirer ses pieds des empreintes profondes et boueuses qui emprisonneraient les pieds des autres animaux.

Les éléphants, qui sont d'excellents nageurs, utilisent leurs pattes pour se mouvoir dans l'eau. Afin de respirer, ils dressent leur trompe hors de l'eau, comme on le ferait d'un tuba.

L'accouplement

Les éléphants mâles s'affrontent souvent pour évaluer leur force. Le vainqueur est appelé mâle dominant. Ce dernier s'accouple plus souvent que les autres mâles.

La saison des amours est la seule période de l'année durant laquelle les mâles et les femelles se côtoient. Cette courte période dure environ une semaine. Les éléphants prennent beaucoup de temps à grandir et à atteindre leur maturité, c'est-à-dire à être prêts à **s'accoupler**. Les femelles commencent à s'accoupler vers l'âge de 12 ans. Certains mâles ne sont pas prêts à s'accoupler avant l'âge de 20 ans.

Choisir le bon moment

Pour être fécondable, la femelle doit être dans un état appelé œstrus. Elle dégage alors une odeur particulière que les mâles reconnaissent. L'œstrus ne dure que quelques jours par année.

Les mâles en « musth »

Lorsque le temps de s'accoupler arrive, les mâles aussi entrent dans un état spécial, appelé *musth*. Les mâles sont pourvus de glandes disposées de chaque côté de leur tête. Lorsqu'un mâle est en « musth », ces glandes se gonflent et sécrètent un liquide qui a une odeur forte. Les mâles n'ont pas besoin d'être en « musth » pour parvenir à s'accoupler. Tous les mâles doivent s'affronter s'ils veulent s'accoupler avec les femelles. Les mâles en « musth » sont très agressifs et parviennent plus facilement à conquérir les femelles.

Une longue attente

Après l'accouplement, l'éléphanteau prend beaucoup de temps à naître. La mère est en gestation — période pendant laquelle le bébé grandit dans son ventre — pendant 22 mois, soit presque deux années ! Cette période est si longue que la plupart des femelles ne donnent naissance à un bébé qu'une seule fois tous les quatre ou cinq ans.

La glande temporale de l'éléphant mâle sécrète un liquide.

Suite à l'accouplement, les femelles deviennent fébriles et agitées. Elles barrissent, secouent leurs oreilles et touchent aux autres couples avec leur trompe.

Les éléphanteaux

L'éléphanteau utilise sa trompe pour téter le lait qu'il fait ensuite rejaillir dans sa bouche. Il utilise aussi sa trompe pour ramasser des objets.

Les femelles ne donnent habituellement naissance qu'à un seul éléphanteau à la fois. Il arrive toutefois que des mères accouchent de jumeaux. Les éléphanteaux sont très attachés à leur mère. Les femelles restent avec leur troupeau toute leur vie, tandis que les éléphanteaux mâles restent avec leur mère jusqu'à l'âge d'environ 12 à 14 ans.

Le lait maternel

Quand il naît, l'éléphanteau pèse environ 115 kg et mesure environ 1 mètre de haut. Il peut boire jusqu'à 11 litres de lait par jour ! Les éléphanteaux commencent à manger des végétaux vers l'âge de 4 mois, mais continuent à boire le lait de leur mère jusqu'à 10 ans.

Je peux marcher

Les troupeaux d'éléphants se déplacent continuellement à la recherche de nourriture. L'éléphanteau arrive à suivre le troupeau, car il commence à marcher une heure après sa naissance. Laissé à lui-même, un nouveau-né constitue une proie de choix pour les lions, les tigres et les chacals. En demeurant auprès du troupeau, l'éléphanteau est protégé par sa mère et par les autres éléphants.

➤ *La tête du nouveau-né est couverte de poils fins.*

▼ *Les éléphanteaux doivent être protégés contre les prédateurs.*

Les éléphants d'Afrique

L'éléphant d'Afrique a une échine concave et un front plat. Sa trompe, terminée par deux lobes préhensiles, est annelée sur toute sa longueur. Ses oreilles sont grandes et larges. Leur forme ressemble à celle du continent africain! L'éléphant d'Afrique vit dans un climat chaud et sec et a besoin de grandes oreilles pour ventiler son corps.

Deux habitats

Les éléphants africains vivent au sud du désert du Sahara. Cette région d'Afrique est recouverte de forêts denses et de vastes prairies appelées savanes. Les éléphants vivant dans les forêts sont légèrement différents de ceux vivant dans les prairies. Ce sont néanmoins tous deux des éléphants d'Afrique.

Espace réduit, corps plus petit

L'éléphant d'Afrique de forêt a un corps et des défenses légèrement plus petits que ceux de l'éléphant d'Afrique de savane. Dans la forêt, comme les arbres poussent très près les uns des autres, il est plus facile d'y circuler si l'on possède un corps plus petit. Ainsi, l'éléphant de forêt peut se déplacer entre les arbres beaucoup plus facilement que ne le ferait l'éléphant de savane.

Les éléphants d'Asie

Les éléphants d'Asie possèdent des oreilles plus petites que celles des éléphants d'Afrique.

Les éléphants d'Asie sont légèrement différents de leurs cousins africains. L'éléphant d'Asie possède deux protubérances sur le front, un dos arrondi et une trompe terminée par un seul doigt. Les éléphants d'Asie ont la peau moins rugueuse et certains sont d'un gris plus clair. Ils ont quelquefois des taches de couleurs sur la peau.

C'est la jungle ici !

La plupart des différences entre l'éléphant d'Afrique et celui d'Asie sont liées à leur habitat. Les éléphants africains vivent dans un environnement chaud et sec, tandis que l'éléphant d'Asie vit dans la jungle humide. L'eau est plus abondante dans la jungle, et les forêts denses sont remplies de végétation. Les éléphants d'Asie n'ont donc pas besoin d'une peau plissée pour retenir l'humidité ni de grandes oreilles pour se ventiler. Les éléphants d'Asie ont rarement besoin de creuser pour trouver leur nourriture.

Où sont tes défenses ?

Seuls les éléphants d'Asie mâles sont pourvus de défenses visibles. Toutefois, ce ne sont pas tous les mâles qui en possèdent. Les mâles dépourvus de défenses sont plus gros. Les défenses des femelles sont si courtes qu'elles dépassent rarement leurs lèvres.

Des travailleurs infatigables

En Inde, les gens utilisent les éléphants d'Asie pour le transport et le travail. Dans les exploitations forestières, les éléphants déplacent des troncs et abattent des arbres. Chaque éléphant reçoit les soins d'un entraîneur appelé cornac. À la fin de la journée, le cornac conduit l'éléphant à un cours d'eau et le lave.

Les défenses de cette femelle dépassent tout juste ses lèvres.

L'éléphant apprécie la baignade après une dure journée de travail.

Des espèces menacées

Les éléphants sont si gros et si forts qu'ils ont peu d'ennemis naturels. Même les lions et les tigres éprouvent beaucoup de difficulté à mettre à mort un éléphant adulte. En fait, les pires ennemis des éléphants, ce sont les humains.

Le commerce de l'ivoire

Les humains tuent les éléphants pour s'emparer de leurs défenses depuis des temps reculés. Avant l'apparition des armes à feu, les humains ne pouvaient pas abattre beaucoup d'éléphants. Toutefois, dans les années 1970, de puissantes armes à feu automatiques sont devenues disponibles. Des braconniers, c'est-à-dire des chasseurs œuvrant dans l'illégalité, ont alors abattu beaucoup d'éléphants. À cette époque, l'ivoire étant devenu un matériau de grande valeur, les braconniers ont abattu autant d'éléphants qu'ils le pouvaient. Vers la fin des années 1980, le nombre d'éléphants en Afrique est passé de 1 300 000 à 600 000. La population d'éléphants d'Asie est descendue à moins de 44 000 individus.

Bannir l'ivoire

En 1989, la Convention sur le commerce international des espèces de faune et de flore sauvages menacées d'extinction (CITES) a établi que les éléphants faisaient partie des espèces en voie de disparition. Un groupe, constitué de 115 pays, a accepté de bannir ou d'arrêter le commerce de l'ivoire entre les pays.

Trop d'éléphants ?

Même si les éléphants étaient en voie d'extinction dans la plupart des pays, ils étaient si nombreux au Botswana, en Namibie et au Zimbabwe qu'ils commençaient à manquer d'espace. Ils détruisaient les récoltes et blessaient parfois les humains. Les dirigeants des pays durent supprimer des troupeaux, c'est-à-dire abattre des éléphants en vue d'exercer un contrôle sur leur population. Les gouvernements souhaitaient vendre l'ivoire de ces éléphants.

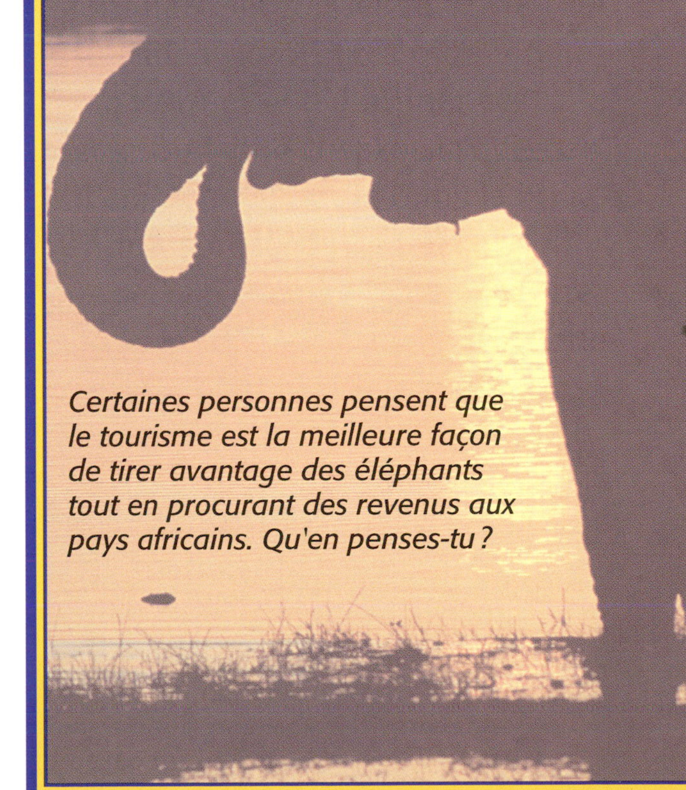

Certaines personnes pensent que le tourisme est la meilleure façon de tirer avantage des éléphants tout en procurant des revenus aux pays africains. Qu'en penses-tu ?

Ces pays soutenaient que leurs éléphants n'étaient pas menacés d'extinction et que leurs habitants, eux, avaient besoin d'argent. Ils promirent qu'une partie des profits allait servir à financer des opérations pour la **conservation** des éléphants. En 1997, CITES autorisait la vente de l'ivoire dans ces trois pays.

Encore plus de problèmes

Comme il est difficile d'établir la provenance de l'ivoire, des braconniers parvinrent à écouler illégalement de l'ivoire sur les marchés du Botswana, de la Namibie et du Zimbabwe. Le braconnage allait en grandissant.

Un futur incertain

En l'an 2000, les pays africains ont accepté de mettre un terme au commerce de l'ivoire, mais cette décision pourrait changer dans le futur. Des personnes continuent d'abattre des éléphants, bien que cette activité soit illégale, ou contre la loi. Pour en apprendre davantage au sujet des éléphants et de l'ivoire, tu peux visiter ce site internet à l'adresse suivante : http://elephant.elehost.com

Glossaire

accoupler (s') S'unir avec un partenaire en vue de procréer

ancêtre Animal très ancien duquel descendent de nouvelles espèces

conservation Mécanismes de protection et de contrôle exercés sur une espèce animale ou sur un habitat en vue d'empêcher sa destruction ou sa disparition

digérer Transformer les aliments pour les rendre assimilables par le corps

éléphante Éléphant femelle adulte

éléphanteau Jeune éléphant

espèce menacée Se dit d'une espèce animale ou végétale en voie de disparition

espérance de vie Durée moyenne de la vie d'un animal

habitat Milieu de vie naturel d'un animal

mammifère Animal à sang chaud, pourvu d'une colonne vertébrale, couvert de poils ou de fourrure, qui nourrit ses petits avec le lait que produit son corps

saison des amours Période de l'année où les mâles et les femelles s'accouplent

troupeau Groupe d'éléphants composé de femelles de la même famille et de leurs petits

Index